D1731659

Für meine Mum und meinen Dad
und Nicola

Vielen Dank an: Ros Badger, Jonathan Boatfield,
Liz Calder, Marychase Foa, Malcolm Garrett,
Kasper de Graaf, Richard Ingrams, Ben Murphy,
Anita Plank & Kjartan Poskitt.

Besonderen Dank an: George Mole
(Seiten 119 –127), Pete Bishop (50 +87),
Joe Ewart (35)

Einige dieser Zeichnungen erschienen bereits
in: Punch, Tatler, Company, Harpers & Queen,
Esquire, The Guardian, The Observer, Blueprint,
Time Out, Skin Two, The Oldie & Blitz.

Deutsche Erstausgabe 7/95
© der Originalausgabe 1993 by Steven Appleby
© der deutschsprachigen Ausgabe 1995
  by Wilhelm Goldmann Verlag
Umschlaggestaltung: Design Team München
Umschlagmotiv: Steven Appleby
Druck: Presse-Druck, Augsburg
Verlagsnummer: 28004
Ge· Herstellung: Peter Papenbrok
Made in Germany
ISBN 3-442-28004-4

1 3 5 7 9 10 8 6 4 2

Steven Appleby

GANZ NORMALER SEX

Aus dem Englischen von
Thomas Ziegler

Schrift von Matthias SONTKE

GOLDMANN

Der Autor und seine Freundin bei
bahnbrechenden Forschungsarbeiten.

INHALT...

Teil Eins

ZUM VERSTÄNDNIS DES ANDEREN GESCHLECHTS

DAS WICHTIGSTE ZUERST

Abb. 1 – Die Grundausstattung:

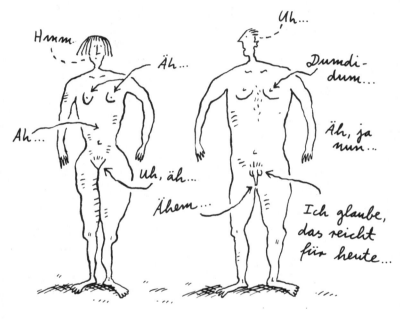

EINE FRAU   EIN MANN

Normalerweise fühlt sich einer der beiden vom anderen angezogen, und natürlich auch umgekehrt.

Liebling...

SEUFZ...

Manche Leute fühlen sich nur von sich selbst angezogen.

Die Irrlichter unter uns befürchten, daß sie einem bislang unentdeckten Geschlecht angehören.

Ich weiß nicht, ob ich heterosexuell, bi- oder gar TRI-SEXUELL bin!

Natürlich hat auch alles, was kreucht und fleucht, sexuelle Probleme. Würmer wissen nicht immer genau, welches Ende welches ist...

Ist das mein Kopf?

Oder das?

Über welches Ende ziehe ich das Kondom?

Und Amöben quält die Frage, ob dies wirklich der richtige Moment zur Teilung ist.

Ist meine Beziehung mit mir selbst stabil genug, um Kinder zu haben?

8

Selbst die Gegenpole in der Natur haben Zweifel an ihren Beziehungen. Der Tag kommt mit der Nacht überhaupt nicht klar.

Er ist so ein finsterer Typ!

Aber das Wichtigste ist, bloß nicht den Mut zu verlieren. Irgendwo dort draußen gibt es einen Menschen oder ein Ding, der oder das zu Ihnen paßt - ganz gleich, wie unsympathisch, abstoßend und unerträglich Sie auch sein mögen.

Hast du Lust, mit mir auszugehen?

Eher würde ich sterben.

EINIGE UNTERSCHIEDLICHE ARTEN VON BEZIEHUNGEN:

2 Leute:

2 Leute und ein Freund:

Rutsch rüber!

2 Leute desselben Geschlechts:

2 Leute desselben Geschlechts und ein Freund:

Wie läuft's denn so?

1 echte Person und eine aufblasbare Person:

Pffff...

Mr. Whipple und Fido:

Braver Junge.

Ms. Brown und Miese:

Ein Optimist:

Ein Pessimist:

Elf Leute unterschiedlichen Geschlechts:

Mr. und Mrs. Dobbs und ein Besucher aus dem Weltraum:

2 Leute, die sich arrangiert haben:

Das GLÜCKSRAD der PARTNERWAHL...

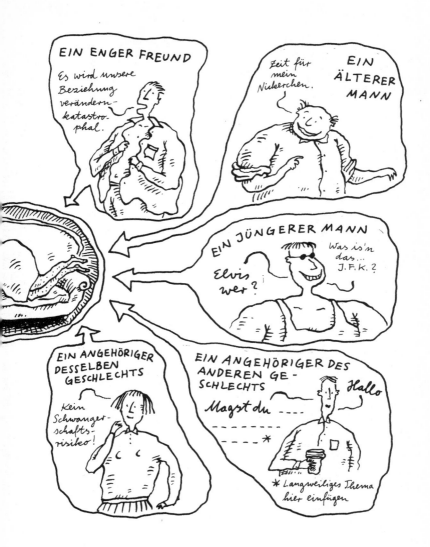

13

WIE EINE BEZIEHUNG FUNKTIONIERT

DIE WISSENSCHAFTLICHE ANALYSE

I – Gedanken...

Treulose kleine Ratte

II – ... werden von Lunge, Lippe und Zunge in Luftschwingungen umgesetzt.

LIPPEN

LUFT

ZUNGE

LUNGE

III – Diese Luftschwingungen werden dann im Ohr des Empfängers wieder in Worte umgewandelt.

ICH HASSE DICH!!

Wie bitte?

Wenn alles schief geht

EINE GESCHICHTE MIT MORAL...

Trotz aller gegenteiligen Behauptungen legt es in jeder Beziehung der eine Partner darauf an, die Oberhand über den anderen zu gewinnen.

Mit dieser Strategie gelang es dem Menschen, über viele Jahre hinweg seine Umwelt zu beherrschen – aber vielleicht ist es damit bald vorbei ...

Ein frühes Anzeichen für eine Änderung des Status quo:

?

Liebling?

Heute nacht nicht – ich habe Kopfschmerzen.

Einige andere Körperteile proben den Aufstand ...

hallo?

was?

wer is'n da?

ha ha ha ha...

wo?

ssssh!

hup hup hup...

Einen Moment!

Als nächstes werden unbelebte Objekte versuchen, ihre Position zu verbessern ...

?

Wie gut es doch tut, mal die Füße zu entlasten

uuff!

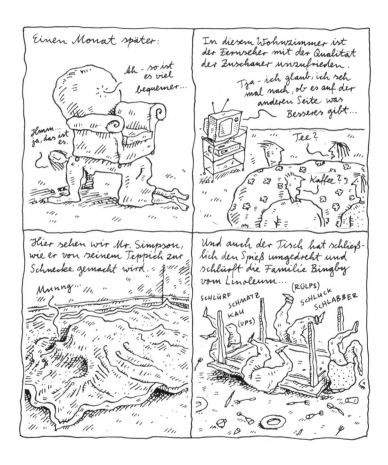

LIEBE

Liebe ist eine Form des Wahnsinns, und Sie sollten den bedauernswerten Opfern mit Nachsicht begegnen, auch wenn die sich weigern, Ihnen zuzuhören, Ihnen aber die Ohren vollnölen und alle möglichen abseitigen und zweifelhaften Geschichten über Leute erzählen, die Sie nicht kennen und auch nicht kennenlernen wollen. Natürlich hat es keinen Sinn, ihnen einen Eimer Wasser über den Kopf zu kippen, denn der Wahnsinn ist viel zu tief in ihnen verwurzelt – aber Spaß macht es trotzdem!

Ich liebe Jesus!

Hallelujah!!

Spinner!

OMEN der LIEBE:

Wir alle suchen Rat und Hilfe, wenn wir eine Entscheidung treffen müssen – vor allem, wenn es um Beziehungsfragen geht. Manche Leute lesen im Kaffeesatz, andere befragen die Sterne.

Du wirst 60 Söhne und eine Tochter bekommen...

Quitsch

Diese Dame hat sich auf die Interpretation der subtilen Nuancen einer sich öffnenden Tür spezialisiert.

Während dieser Mann sein ganzes Leben von zufälligen Wolkenformationen abhängig macht.

SIE HASST DICH!

ABERGLAUBE:

Eine kleine Voodoo-Puppe dient als Liebeszauber.

Die Nadeln stellen Amors Pfeile dar...

Hier ist eine nützliche Bastelbogen-Version des traditionellen Hilfsmittels zur Beantwortung der Frage: "Er oder sie liebt mich - oder nicht?"

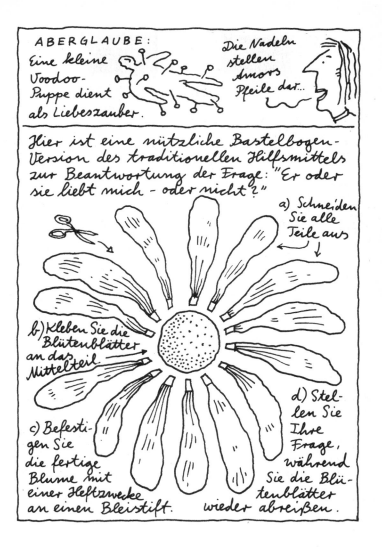

a) Schneiden Sie alle Teile aus

b) Kleben Sie die Blütenblätter an das Mittelteil

c) Befestigen Sie die fertige Blume mit einer Heftzwecke an einen Bleistift.

d) Stellen Sie Ihre Frage, während Sie die Blütenblätter wieder abreißen.

UNERWIDERTE LIEBE.

Liebe überwindet alle Grenzen - aber in diesem Fall bleibt sie aufgrund eines Mangels an Kommunikation unerfüllt.

2.

Hier finden die Partner wegen der Einseitigkeit ihres Gesprächs nicht zueinander.

3.

In diesem Beispiel scheint eine Kommunikation stattzufinden, führt aber nicht zu einem glücklichen Ende.

4. WÄHRENDDESSEN IN DER WELT DES MAKROKOSMOS:

Bedeutet dies tatsächlich das Ende von Jahrtausenden verpaßter Gelegenheiten und verlegenen Schweigens?

WAS MAN SAGT, WENN MAN VERLIEBT IST:

Ich liebe dich.
Du bist wundervoll.
Ehrlich, das bist du.
Du bist umwerfend.
Ich kann nicht fassen,
daß es passiert ist.
Ich liebe dich wirklich.
Du bist unglaublich...

WAS MAN PRAKTISCHERWEISE SAGEN SOLLTE:

Oh, um Himmels willen!
Reiß dich zusammen.
Sei nicht albern.
Halt die Klappe.

WAS MAN DENKT:

Wie lange wird es dauern?
Mache ich mir etwas vor?
Macht sie sich etwas vor?
Liebt sie mich so sehr,
wie ich sie liebe?
Ich kann nicht aufhören, an sie zu denken!
Ich kann
nicht
schlafen.
Aargh!!

WAS MAN PRAKTISCHERWEISE DENKEN SOLLTE:

Dum di dum di
dum dum hum...

MODERNE EHE

SCHULD & REUE

Es gibt wirklich nichts Besseres als Sex,
um alle möglichen Schuldgefühle zu
nähren ... deshalb ist es sinnlos, sich
schuldig zu fühlen – sofern man
keinen Lustgewinn daraus ziehen kann.

Du widerlicher, treuloser,
schleimiger Sohn eines
ekelhaften Wurms!!

Du solltest
dich
schämen!

Oh, wirklich
?!

Bestrafe
mich!

Ein Katholik steht auf der falschen Seite
des falschen Bettes auf.

I - EHRLICHE REUE

Bitte, verzeih mir...

bitte...

II - VORGETÄUSCHTE REUE

Ich gebe überhaupt nichts zu!

III - ÜBERTRIEBENE REUE

Ich werde mich und den Hund umbringen!

Oh nein! Nicht den Hund!

IV - BEISPIELHAFTE REUE

Mein zehntes Eis!

Wen kümmert?

26

Liebling, _NATÜRLICH_ habe ich keine Affäre!

Ich habe Überstunden im Büro gemacht...

Ehrlich!

Ich liebe dich...

KRRK... KRACK... REISS...

Mit jeder sexuellen Lüge wächst die Erektion des erwachsenen Pinocchio.

Teil Zwei

PRAKTISCHE DINGE, UM DIE MAN SICH SORGEN MACHEN SOLLTE

AUS DER PRAXIS

Viele Leute haben Probleme, mit dem Sex richtig umzugehen. Dieser Mann z. B. hat ihn in eine kleine Kammer gesperrt, so weit weg vom Rest seines Lebens wie möglich

Geh unter keinen Umständen da rein!

Iüh! Ziemlich heiß und schwabbelig!

Mr. Timjans läßt ihn schon seit Jahren in einem feuchten und ungesunden kleinen Winkel, vergessen von aller Welt, verrotten.

Mrs. Beelzebub, eine Dame mit festen Überzeugungen, leugnet so erfolgreich die Existenz des Sexes, daß er für sie tatsächlich nicht existiert.

Wie bitte, junger Was-auch-immer-du-bist?

Hallo, Miss!

Wasch dir deinen Mund aus!

29

Mr. P. – der recht ausgefallene und amüsante Bedürfnisse hat – bemüht sich nach Kräften, genauso wie alle anderen zu sein.

June F. sehnt sich verzweifelt nach einem Sexpartner, obwohl sie aus bitterer Erfahrung weiß, daß es ihr mehr Spaß macht, mit einem Spaten und ein paar Setzlingen draußen im Garten zu sein.

Doktor, ich liebe diese Topfpflanze!

Seien Sie nicht albern!

SEXTHERAPEUT

Teenager bauen einen Berg aus Sex,
den sie ohne entsprechende Ausbildung
oder Sicherheitsausrüstung zu bestei-
gen versuchen. Mr. Whipple, 67, hat
noch nie etwas von Sex gehört.
In den letzten 37 Jahren hat er aus
Streichhölzern eine maßstabs-
getreue Kopie des Grand Canyon
gebastelt, die er nun auf einer
Harley Davidson aus Bindfäden
überspringen will.

Mr. Whipple verfehlte
nur knapp einige
abstürzende Teenager.

DIE EMPFINDLICHEN TEILE

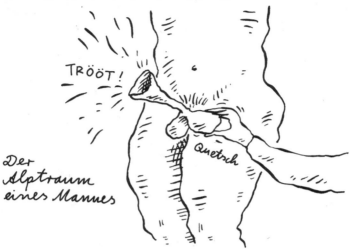

TRÖÖT!

Quetsch

Der Alptraum eines Mannes

LENDENHÖRNER – eine evolutionäre Sackgasse in der Abteilung Hodenschutz:

Uaaah!

Umarme mich, Liebling!

a)

b)

Wie man aus einer Mücke einen Elefanten macht...

EINE NÜTZLICHE FERNÖSTLICHE SEXUALTECHNIK:

Der indische Penistrick

SEXUALKUNDE

Neue Liebesstellungen leicht gemacht:

a) Der Altweiberknoten.

b) Der Hubschrauber.

AH! UFF!

AUTSCH!

c) Die Dampflok.

Tüüt! äh...   Tschutschu...

Ich kann die Tapetenbürste nicht fin- den

d) Die Trittleiter

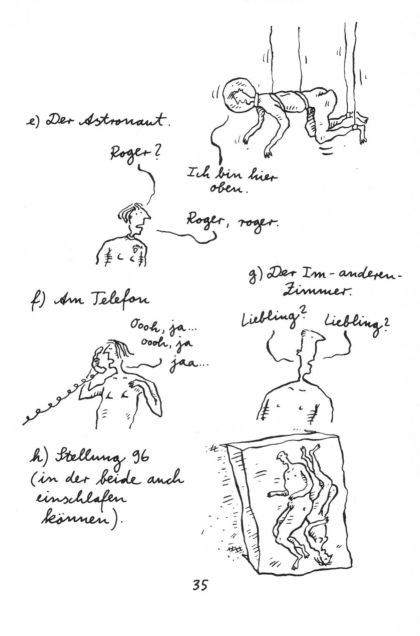

e) Der Astronaut.

Roger?

Ich bin hier
oben.

Roger, roger.

f) Am Telefon

Oooh, ja...
oooh, ja
jaa...

g) Der Im-anderen-
Zimmer.

Liebling? Liebling?

h) Stellung 96
(in der beide auch
einschlafen
können).

35

EIN AUSZUG AUS 'DER LANGWEILIGE SEXFÜHRER' (BAND 4)

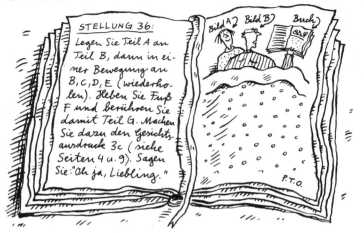

STELLUNG 36:

Legen Sie Teil A an Teil B, dann in einer Bewegung an B, C, D, E (wiederholen). Heben Sie Fuß F und berühren Sie damit Teil G. Machen Sie dazu den Gesichtsausdruck 3c (siehe Seiten 4 u. 9). Sagen Sie: "Oh ja, Liebling."

Bild A? Bild B? Buch?

P.T.O.

EIN AUSZUG AUS DER 'ENZYKLOPÄDIE DER SEXUELLEN STELLUNGEN & PERVERSIONEN': MONOGAMIE.

SEXUALTECHNIK - Einige erogene Zonen und einige irrige Zonen.

Eine kleine Auswahl
der rund 600 erogenen
Zonen des Penis:

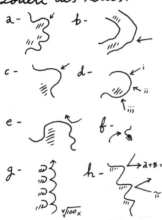

a-   b-

c-   d-

e-   f-

g-   h- →a+B=

$\sqrt[x]{100}$

FUSSFREUDEN!

Bestimmte Teile des
Fußes korrespondieren
mit Teilen des Körpers -
siehe Karte unten.

DRÜCKEN (Schnallen & Druck-knöpfe)

FUMMEL (Knöpfe)

KRATZ (entschul-digen)

ZIEH (Reiß-verschluß)

QUETSCH (BH)

KITZEL (Nur im Notfall benutzen)

Eine Vorrichtung
zur Erregung einiger
innerer erogenen
Zonen:

Hosen runter!   äh...

Die Manipulation der
wenig bekannten
erogenen Zonen
der Zunge:

a   B

c

f d e

Mmmg...

37

EINE ORGIE

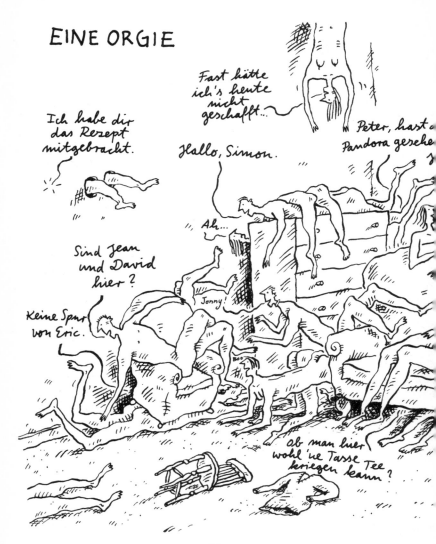

Fast hätte ich's heute nicht geschafft...

Ich habe dir das Rezept mitgebracht.

Hallo, Simon.

Peter, hast du Pandora gesehen?

Ah...

Sind Jean und David hier?

Jonny!

Keine Spur von Eric.

Ob man hier wohl 'ne Tasse Tee kriegen kann?

EINE SCHAUSPIELERISCHE ANLEITUNG ZUM ORGASMUS:

I – Nach der Methode Stanislawski.

II – Für den Charakterdarsteller.

III – Improvisation.

IV – Schickeria-Stil.

V – Für Langverheiratete.

VI – Für höfliche Menschen.

DER SEXTHERAPEUT FÜR ZUHAUSE:

Für alle, die nicht zum Höhepunkt kommen, hier ein narrensicherer Weg zum Orgasmus. Wenn Sie die unten abgedruckte Spezialkarte (Patent angemeldet, aber mit Hohngelächter zurückgewiesen) vom Start (Punkt a) bis zum Ziel (Punkt z) lesen, erwartet Sie ein zutiefst befriedigendes, allein durch die Bewegung der Augenmuskulatur erzeugtes Erlebnis. Sie können sie sich einrahmen und über das Bett hängen, was dank des attraktiven Designs zur Verschönerung Ihres Schlafzimmers beiträgt – und Sie haben sie in Notfällen immer sofort parat.

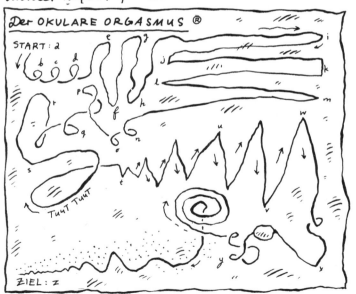

Der OKULARE ORGASMUS ®

FALLS IHR Sexleben langweilig ist, sollten Sie ein wenig Abwechslung hineinbringen – und zwar mit einem dieser garantiert ungiftigen SEXSPIEL-ZEUGE...

Ein vibrieren-
des Dingsbums.
Erhältlich
in Fleischfarbe (tot)
oder Purpur.
Ohne Batterien.

Ein wundervolles Irgendwas – und im Moment sehr preis-günstig – solange der Vor-rat reicht! Nur in Blau.

Ein großes abwaschbares Düdeldü. Nur in einer Größe.

Ein Set aus 3 eßbaren Was-immer-es-auch-sein-mag. Machen Sie das damit, was Ihr Arzt niemals wagen würde!

Ein realistisches Schmuhschmuh – in der praktischen Mini-Vitrine. Gebrauchsanweisung beiliegend.

SONDERANGEBOT

Leuchtet im Dunkeln!
"Sie & Er"® Unter-
wäsche! Löschen
Sie das Licht,
ohne das Feuer
der Leidenschaft
zu löschen!
Jetzt können Sie
auch im Dunkeln zu-
einander finden! Mit Garantie...

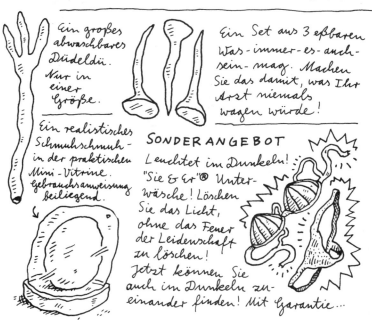

42

EMPFÄNGNISVERHÜTUNG

EINE WARNUNG!

EINE VERNÜNFTIGE VORSICHTSMASSNAHME:

VERSCHIEDENE KONDOMSORTEN:

DER "KATAMARAN"
ein neuartiges
Kondom ... oder?

Prima NEUHEIT TIERKONDOME:

a.

b.

c.

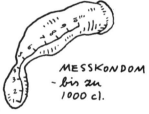

MESSKONDOM
- bis zu
1000 cl.

EIN ESSBARES KONDOM:

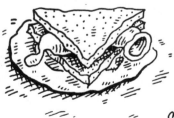

Erhältlich in Braun,
Weiß oder Korngelb.
WARNUNG - Nicht zum
ausschließlichen Ver-
zehr geeignet - Im
Interesse einer ausge-
wogenen Ernährung
mit Bier und Snacks
kombinieren.

STRICKKONDOM:

Was gut genug für deinen Opa war, bla, bla, bla...

Ein Geschenk von Oma (die fünfzehn Kinder hatte).

TOTALER SCHUTZ:

Mmmmmg? *

Das Ganzkörperkondom

* Gehen wir ins Bett, Liebling?

DER "OPTIMIST"

ENDLICH - Ein Spezialkondom, das vom Papst für alle Katholiken empfohlen wird:

Das HEILIGE Kondom Lobet den Herrn

Wie man mit Hilfe von diversen Gemüse-
sorten und Gegenständen des täglichen
Bedarfs lernt, ein Kondom überzuziehen:

EINE RÜBE.

EIN KOPFSALAT.

EIN TELEFON.

EINE OLIVE.

EIN AUTO.

EINE UNGLÜCKLICHE VERWECHSLUNG IN DER GUMMIFABRIK.

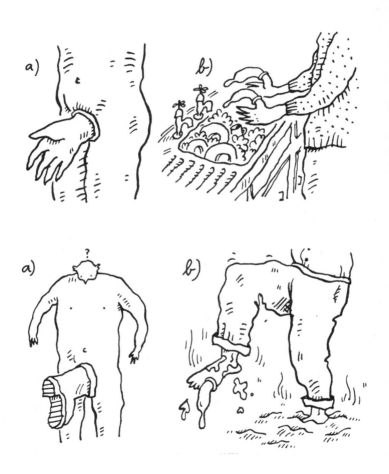

ALTERNATIVEN zum KONDOM

Sperma mit
eingebautem
Heimweh.

SAFER SEX

Beim Safer Sex benutzt man zur
Befriedigung allein die Phantasie:

MODERNE NEUROSE:

Prä-Sex-Sterilisation

Eine Abschweifung...

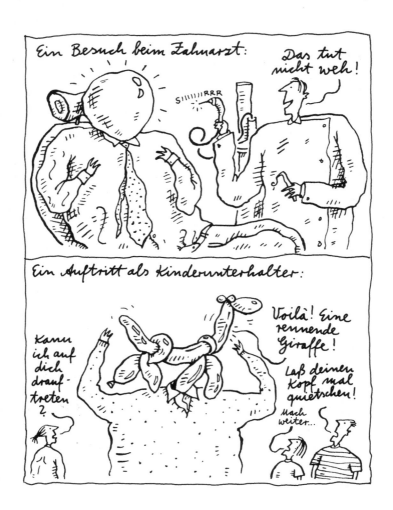

52

Ein peinlicher Moment der Adhäsion, hervorgerufen durch induzierte statische Elektrizität:

Es tut mir schrecklich leid - tragen Sie Nylon?

Liebling...

Hmmm?...

Wahre Liebe - Mr. Ballon begegnet seiner zukünftigen Frau während einer kurzen Karriere als Christbaumschmuck.

VERBESSERN SIE IHR AUSSEHEN

57

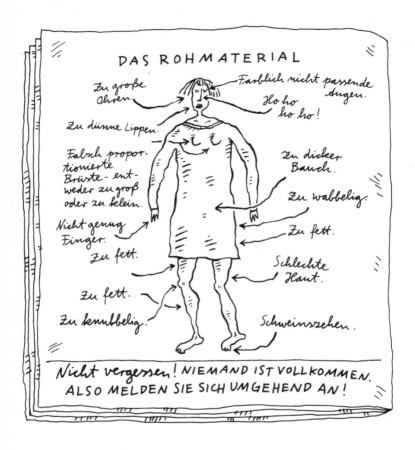

58

BRUSTVERBESSERUNGEN:

I – Eine zusätzliche Brust. II – Nach dem Liften.

FETT, das einer Person abgesaugt wird, kann einer anderen injiziert werden.

Ich möchte dünner sein.

Ich möchte dicker sein.

LÄCHELNDE LIPPEN: 1$ (SONDERANGEBOT)

a)

oder versuchen Sie unsere "Ich ignoriere dich"-Lippen:

b)

Pah!

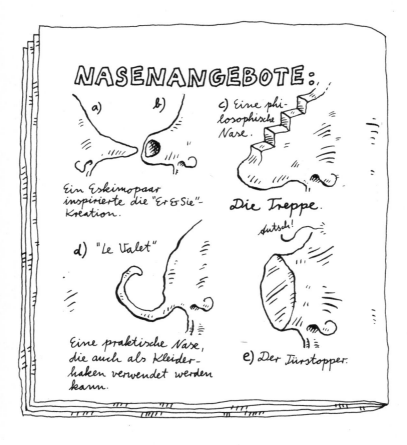

NASENANGEBOTE:

a)   b)   c) Eine philosophische Nase.

Ein Eskimopaar inspirierte die "Er & Sie"-Kreation.

Die Treppe.

d) "Le Valet"

Autsch!

Eine praktische Nase, die auch als Kleiderhaken verwendet werden kann.

e) Der Türstopper.

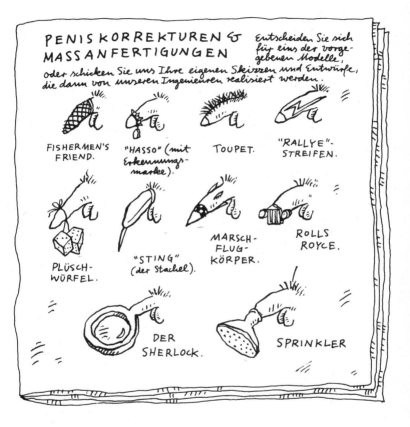

PENIS KORREKTUREN &
MASSANFERTIGUNGEN

Entscheiden Sie sich
für eins der vorge-
gebenen Modelle,
oder schicken Sie uns Ihre eigenen Skizzen und Entwürfe,
die dann von unseren Ingenieuren realisiert werden.

FISHERMEN'S
FRIEND.

"HASSO" (mit
Erkennungs-
marke).

TOUPET.

"RALLYE"-
STREIFEN.

PLÜSCH-
WÜRFEL.

"STING"
(der Stachel).

MARSCH-
FLUG-
KÖRPER.

ROLLS
ROYCE.

DER
SHERLOCK.

SPRINKLER

EINE AUSWAHL UNSERES
HANDWERKZEUGS:

↗ b.
a. ↓

Nasenbagger.

Ohrenregulator.

Ein
intestinaler
Speise-
umleiter.

Die
FETTABSAUGUNG
erfolgt durch hoch-
entwickelte Maschi-
nen und ausgebilde-
tes Personal.

WUUUUUH

Lippensauger.

WAS ZUFRIEDENE
KUNDEN GESAGT
HABEN:

Danke, "Bob's"

Danke, "Bob's"

Danke, "Bob's"

Warum verwenden Sie nicht Bob's Kreditkarte und zahlen die Kosten für Ihre Schönheitsoperation in monatlichen Raten? Selbstverständlich zu überhöhten Zinssätzen und über einen nicht genau festgelegten Zeitraum!

Bob's FRANCHISE
A. R. SCHLOCH

Nach Ihrer plastochirurgischen Behandlung ist eine gesunde Sonnenbräune das A und O. Aber befolgen Sie diese Tips, um vorzeitiges Altern und Hautkrebs zu vermeiden!

BRÄUNUNGSANLEITUNG:
Ein nützliches Schaubild

DIE SPEZIALBEKLEIDUNG FÜR DEKORATIVES BRÄUNEN:

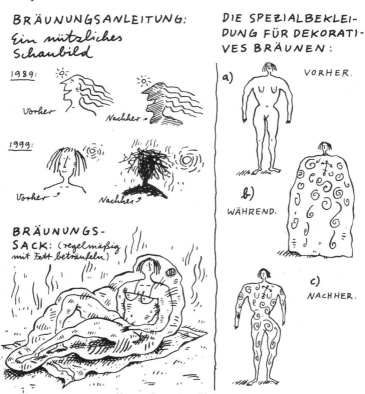

1989:

Vorher

Nachher

1999:

Vorher

Nachher

BRÄUNUNGS-SACK: (regelmäßig mit Fett beträufeln)

a) VORHER.

b) WÄHREND.

c) NACHHER.

DEKORATIVE RASUREN.

Wer sich von der Gestaltung unserer berühmten Garten-
anlagen zur kreativen Schamhaarpflege inspirieren
läßt, bringt Spaß und Spannung in sein ansonsten
langweiliges und lustlosen Sexleben. Probieren Sie
folgende Vorschläge zu Hause aus (oder auch
draußen, wenn Sie wollen).

Haarspray und sorgfältige
Pflege sind die Voraus-
setzung für:
DIE TOLLE.

SCHAMHAARPORTRÄTS:

Winston Churchill.

Mutter Theresa

D.H. Lawrence.

POETISCHE MOMENTE:

Schmetterlinge flattern
an einem heißen
Sommernachmittag
über einer Apfelblüte.

Ein Tigerjunges
trinkt im Mor-
gengrauen am
Seeufer.

In 15.000 Fuß
Höhe wird eine
F-1-11 von einer
MIG verfolgt.

DIE KLEIDUNG

Ehe Sie sich ganz entblößen, müssen Sie durch
Ihre Aufmachung beeindrucken. Eine sorg-
fältig ausgewählte Garderobe kann Wunder
wirken, indem sie die häßlicheren, wabbeli-
gen Teile verbirgt und die selteneren
Vorzüge betont.

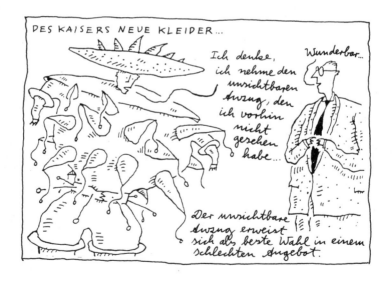

DES KAISERS NEUE KLEIDER...

Ich denke, ich nehme den unsichtbaren Anzug, den ich vorhin nicht gesehen habe...

Wunderbar...

Der unsichtbare Anzug erweist sich als beste Wahl in einem schlechten Angebot.

KLEIDUNG, IN DER MAN SICH SEHEN LASSEN KANN...

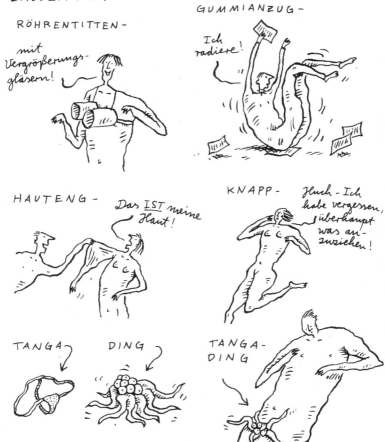

RÖHRENTITTEN –

mit Vergrößerungsgläsern!

GUMMIANZUG –

Ich radiere!

HAUTENG –

Das IST meine Haut!

KNAPP –

Husch – Ich habe vergessen, überhaupt was anzuziehen!

TANGA

DING

TANGA-DING

Drei bekleidete Nudisten

KORSETTPROBE:

Gaaak!

Hals-korsett.

Brust-korsett.

Hüft-korsett.

Bein-korsett.

Penis-korsett.

EXPERIMENTE mit einem Stachelschweinanzug:

Komm in meine Arme!

Hier wird er unter normaler Straßenkleidung getragen:

Hallo, Herr Pfarrer.

EINE TYPISCHE SZENE AUS DER VORSTADT:

Teil Drei

UNPRAKTISCHE DINGE, UM DIE MAN SICH SORGEN MACHEN SOLLTE

72

PERVERSIONEN & VERIRRUNGEN

Heutzutage finden immer mehr Menschen
Gefallen an einem guten, gesunden Fetisch.

Roger und Gillian X, zum Beispiel,
lieben es, ihren Tee von ihren
Körpern zu trinken – sind sie
anormal?

Ein Mann vom Lande, der lieber anonym bleiben möchte, genießt es, sich als Kopfsalat zu verkleiden, begossen, ausgedünnt und im Treibhaus umgetopft zu werden.

Begieß mich mit French Dressing!

Es wird allmählich dunkel hier drin.

Mr. P. aus Herne Hill liebt es, sich als Nachttischlampe zu verkleiden und angemacht zu werden.

Lesen ist ein Hobby, dem viele Menschen nachgehen. David L. - als große Wespe verkleidet - kaut seine Ausgabe der Times zu einem Brei, mit dem er dann seine Wohnung tapeziert.

Aber manche Leute gehen einfach zu weit! Im Interesse der öffentlichen Moral sehen wir uns leider gezwungen, auf die Darstellung jener Perversen zu verzichten, denen es krankes Vergnügen bereitet, bunte Nylon-Sportkleidung zu tragen.

Ein Mann, verkleidet als Frau,
die Männerkleidung trägt.

WIE FÄNGT ES AN ?

Hier sehen wir, daß manche sexuellen Fetische auf Erlebnisse in der frühen Kindheit zurückzuführen sind ...

DIE ARSCHGESICHTER

Nachdem Mr. Arschgesicht von seiner Frau bei einer kleinen Missetat erwischt wurde, gibt er sich einem naheliegenden, nicht sehr ausgefallenen erotischen Wunschtraum hin.

Versohl mir das Gesicht!

WAS IM SPÄTEREN LEBEN PASSIEREN KANN, WENN MAN DIE PRÜGELSTRAFE IN DER SCHULE ABSCHAFFT:

Du bist ein unartiger Junge!

Schreib mir einen 200 Zeilen langen Entschuldigungsbrief!

Oh, ja! Ja!

Stromsparen mit einem "VORWERKER" –
die nützliche Seite des Fetischismus.

Mr. Hetherington-Fotherington ist eine
Spitzenkraft und ziemlich teuer.

Diese "ER & SIE"- Zungen - Schraubzwinge ist unverzichtbar für jedes Paar, das die exquisite Finesse der Unfähigkeit zu küssen zu schätzen weiß.

Möbelfetischisten:

Zwei Weihnachtsmann-
Fetischisten:

Eine Flaschen-
(oder Dschinn-)
Fetischistin:

EIN AUTOPOLITUR-
FETISCHIST:

ZWEI SCRABBLE-
SPIELER:

LEBENSMITTEL & FETISCHISMUS:

Du hast deinen Kuchen bekommen, Simon - also mach jetzt dein Bett und leg dich hin!

LEBENSMITTEL & SCHUHE: Exotische sexuelle Gelüste können manchmal durch Schuhe aus Gebäck, Schokolade und Schlagsahne befriedigt werden.

1:

2:

PLATSCH!

KEINE PANIK,
wenn Sie ein
LEBENSMITTELFETISCHIST sind.
Sie sind nicht allein –
allen anderen ergeht es genauso!

Abgesehen von mir natürlich!

Ha ha ha

Ihr Perversen!

Es muß Ihnen nicht peinlich sein, wenn Sie den Drang verspüren, sich als Gummihandschuh zu verkleiden und in einer überdimensionierten Spüle voller Riesengeschirr herumzuplanschen.

Es ist völlig normal, einen Karotten-
anzug auszuziehen und in einen riesigen
Dampfkochtopf zu steigen.

Um ein Haar
hätte ich dich
gekocht!

Dünsten
ist viel
gesün-
der!

Gregory ist ganz verrückt danach,
Rhabarber zu bestäuben – bislang
mit kümmerlichem Erfolg.

Ich werd wohl
an die
Gartensprech-
stunde
schreiben müssen...

RHABARBER-
BEET

Roger, der nach einer Geschlechts-
umwandlung zu einem "Es" gewor-
den ist, vermehrt sich jetzt wie
ein Steckling.

Aber manche Leute fühlen sich
bemüßigt, nur vegetarisch zu essen,
was leicht bescheuert ist. Versuchen
Sie trotzdem, tolerant zu sein...

Warum nicht eine Soße für den Körper improvisieren, mit Zutaten, die in Ihrer Küche vorhanden sind? Wie wäre es mit einer überbackenen Käseschnitte oder einem Bananenpudding? Köstlich heiß (nicht _zu_ heiß) oder kalt (nicht _zu_ kalt).

Hmmm... köstlich... mm...

Sprich nicht mit vollem Mund!

ETIKETTENTIP – Die Verwendung von Messer und Gabel gilt in diesem Fall als Zeichen für schlechte Manieren.

EIN WENIG BEKANNTER VEREIN DER
LEBENSMITTELFREUNDE:

Der Spritskuchen-Club.

Stöckelgläser.

EINE PERVERSE FLIEGE:

Klatsch mich!

Nicht vergessen –

DIE MITMENSCHEN SIND VERSTÄNDNIS-
VOLL, UND ES IST IMMER DAS BESTE, EHR-
LICH ZU SEIN UND OFFEN ZU SAGEN,
WAS MAN WILL ...

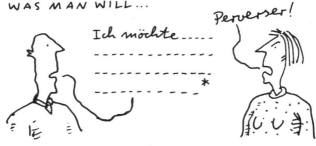

Perverser!

Ich möchte ......
– – – – – – – – – – – – – –
– – – – – – – – – – – – – –
– – – – – – – – – – – *
– – – – – – – – – – – – –

* Tragen Sie hier Ihre sexuelle Verirrung ein.
(Wenn nötig, nehmen Sie ein zusätzliches
Blatt.)

Das SEXLEBEN der MASCHINEN

I - Eines Tages werden Maschinen lernen, sich fortzupflanzen.

II – Durch Kreuzung werden einige seltsame Zwitter entstehen...

Diese Kühlherde sind eine ziemliche Enttäuschung...

Mein Eis ist ganz weich!

Mein Kuchen ist nicht gebacken!

III – ...und einige Maschinen werden sonderbare Perversionen entwickeln:

Der Toaster hat sich als Tischlampe verkleidet!

IV – Wenn Maschinen-Beziehungen in die Brüche gehen, leiden alle darunter:

Der Kühlschrank ist aus der Küche ausgezogen und will die Scheidung einreichen.

V – Zum Schluß eine unvorhergesehene Folge:

Papi ist wieder beim Kühlschranke.

Zuerst der Fernseher, und jetzt das!

Bei dir fühl ich mich jung

SUMM

SEXUELLE TABUS — Nr. 1

Sex mit einem Toten.

SEXUELLE TABUS – Nr. 2

TIERE

Ein Pferdeliebhaber
(Die Briten sind auch als
Hunde und Katzenliebhaber
bekannt.)

SEXUELLE TABUS ~ Nr. 3

Mr. Gottesanbeterin macht einen neuartigen Vorschlag.

Teil Vier

DAS GLÜCK,
EIN SINGLE ZU SEIN

SOLOLEBEN

Das Dasein als Single ist die perfekte Beziehung. Man ist vierundzwanzig Stunden am Tag mit dem Menschen zusammen, den man am besten kennt und am meisten liebt und dessen Anwesenheit nie ermüdend wird.

Ich denke, ich werde heute nur das tun, was ich will, und danach wieder nur das, was ich will, und dann...

Ein gut angepaßter Single kommt im allgemeinen mit dem Alleinleben zurecht, ohne obskuren religiösen Sekten, einer fragwürdigen Leidenschaft für Plüschtiere oder Halluzinationen zum Opfer zu fallen. Und er oder sie wird bald die neidischen Blicke diverser verheirateter Freunde genießen können.

Das wahre Leben beginnt, wenn man Single wird.

DIE POSITIVE SEITE.

DIE NEGATIVE SEITE.

Party bei Mr. Unbeliebt.

Die Nr. 1 in einer Serie
NÜTZLICHER DINGE, die man
einem hartnäckigen Verehrer
sagen kann:

HAU
AB!

SOLOSEX

Danke –
das war
phantastisch!

Dinge, die man in einer Solobeziehung
zu sich selbst sagen kann:

Heute nicht – ich muß
mir die Haare waschen.

Hast du etwa eine
Affäre mit einem echten
Menschen?

Ich bin zu müde.
Vielleicht morgen.

HILFSMITTEL & VORRICHTUNGEN für den Liebhaber des Solosex:

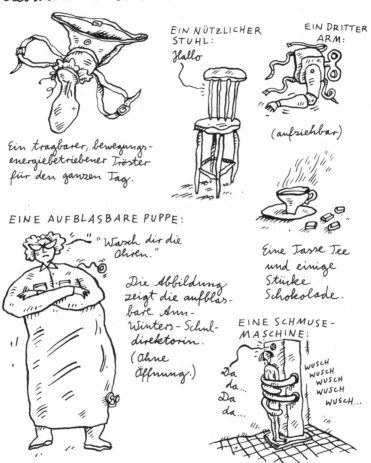

Ein tragbarer, bewegungs-
energiebetriebener Tröster
für den ganzen Tag.

EIN NÜTZLICHER
STUHL:
Hallo

EIN DRITTER
ARM:

(aufziehbar)

EINE AUFBLASBARE PUPPE:

"Wasch dir die
Ohren."

Die Abbildung
zeigt die aufblas-
bare Ann-
Winters-Schul-
direktorin.
(Ohne
Öffnung.)

Eine Tasse Tee
und einige
Stücke
Schokolade.

EINE SCHMUSE-
MASCHINE:

Da
da...
Da
da...

WUSCH
WUSCH
WUSCH
WUSCH
WUSCH...

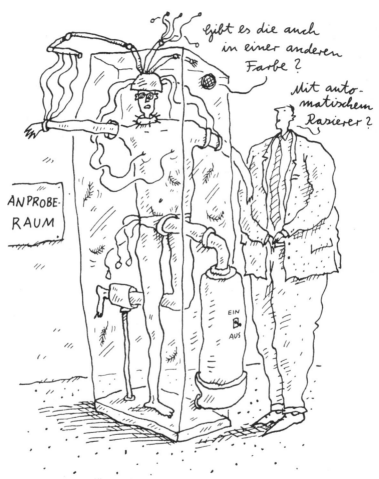

Beim Kauf einer Solosex-Maschine.

SEXUALKUNDE –
Einige Stellungen für Solosex:

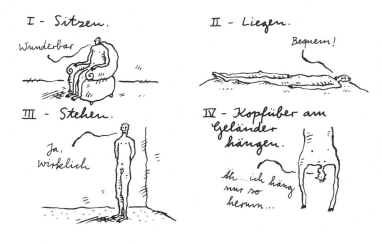

I – Sitzen.

Wunderbar

II – Liegen.

Bequem!

III – Stehen.

Ja, wirklich

IV – Kopfüber am Geländer hängen.

Äh...ich häng nur so herum...

DIE NEBENWIRKUNGEN –

Blindheit:

Wer? Ich?

Was für'n Mist!

Wahnsinn:

Ich werd fern- sehen und mir ein paar Soaps reinziehen.

EINE ORGIE:

ANHANG

DIE WAHRHEIT ÜBER DIE
MÄNNER ⑨

Sie verbergen ihre Gefühle.

DIE WAHRHEIT ÜBER DIE
MÄNNER ②

Sie werden kahl.

Sie lieben Sport.

DIE WAHRHEIT ÜBER DIE MÄNNER ⑬

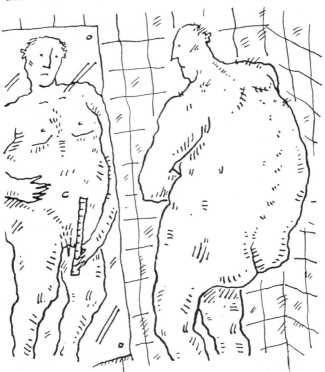

Größe ist unwichtig.

DIE WAHRHEIT ÜBER DIE MÄNNER ⑦

Sie haben ein Faible fürs Kochen.

DIE WAHRHEIT ÜBER DIE
MÄNNER ③

Sie kaufen für ihre Liebsten nur
praktische Kleidung.

Keiner wird so krank wie sie.

MÄNNER ⑫

Sie sind Experten in Sachen Technik.

DIE WAHRHEIT ÜBER DIE
MÄNNER ⑱

Siehe! Die Erdlinge laufen davon!

Frauen sind für sie kein Problem.

DIE WAHRHEIT ÜBER DIE MÄNNER 20

Ihre Haut ist zart wie Sandpapier.

DIE WAHRHEIT ÜBER DIE MÄNNER ⑤

Sie geben gute Väter ab.

Sex kann eine Nebenwirkung haben —
Kinder, die wiederum erwachsen werden
und weitere Kinder haben und so weiter.
Dies hat etwas mit dem Sinn des Lebens
zu tun.

Wenn ich groß bin,
Mami, möchte ich
eine aufblasbare
Puppe
haben.

DER ALPTRAUM EINER FEMINISTIN

ANHANG III
Brautwerbung & Fortpflanzung
auf anderen Planeten

Werfen wir einen tiefschürfenden und lehrreichen Blick auf die Liebesbeziehungen und Hochzeitsbräuche einiger typischer galaktischer Bewohner.

WARNUNG: Manche Leser werden das folgende Material vielleicht als beleidigend empfinden, während andere - falls sie über Tentakeln, mehr als zwei Köpfe und seltsame Ansammlung von Geschlechtsorganen verfügen - von den erregenden Zeichnungen und erotischen Beschreibungen auf moralische Irrwege geführt werden könnten.

Pflanzenmenschen von Nimbos beim Schäfer-stündchen.

Die universelle Sprache der Liebe.

CHEMISCHER EHEBRUCH – ein Element kommt nach Hause und entdeckt, daß seine gasförmige Entität eine Verbindung mit der Flüssigkeit von nebenan eingegangen ist.

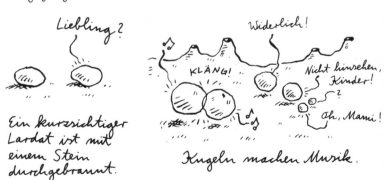

Ein kurzsichtiger Lardat ist mit einem Stein durchgebrannt.

Kugeln machen Musik.

GENITALIEN des UNIVERSUMS:

Ich bin sicher, daß es beim letzten Mal hier drin war...

Wie wäre es mit dieser Stelle?

Selbst der Besitzer dieses beeindruckenden Teiles weiß nicht genau, was er damit anfangen soll.

wir sind fast ausgestorben!

Dieser komplexe und verwirrende Apparat stellt die Bewohner von Lego V vor große Probleme.

Die Bewohner von Glower sind hervorragende Unterarm-Bowler - dank gewisser Fähigkeiten, die sie durch ihre sonderbare Fortpflanzungsmethode erworben haben.

In Wirklichkeit bin ich das Genital, und er ist die Person.

Diese recht langweilige Fortpflanzungsmethode ist das traurige Schicksal der Rotarier.

Er ist so klein!

Die Evolution hat den freundlichen Bewohnern des Planeten Percy einen grausamen Streich gespielt.

Zwei Bewohner von Gelding 4 entdecken, daß sie überhaupt kein Fortpflanzungsorgan haben.

(Gähn...)

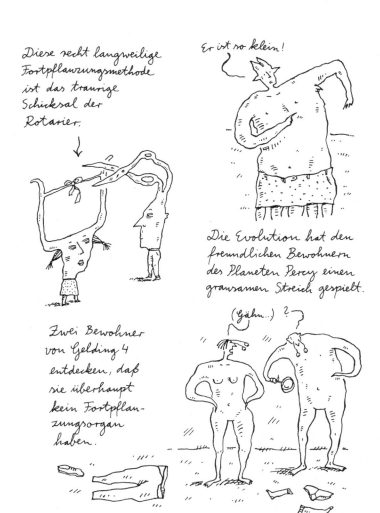

Bäääääh!

Der ewige hungrige Klapperblutton - eine Kreatur, die keineswegs so gutmütig ist wie der Klapperstorch - bringt auf dem Planeten Mopsy die Babys.

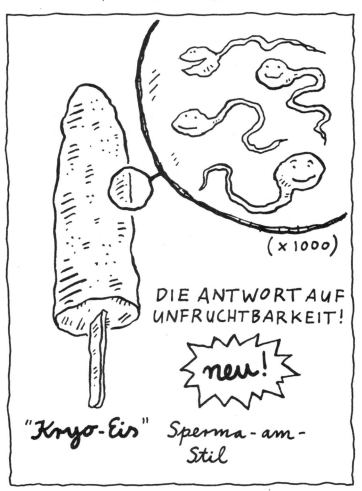

ETWAS, DAS MAN SICH MERKEN SOLLTE:

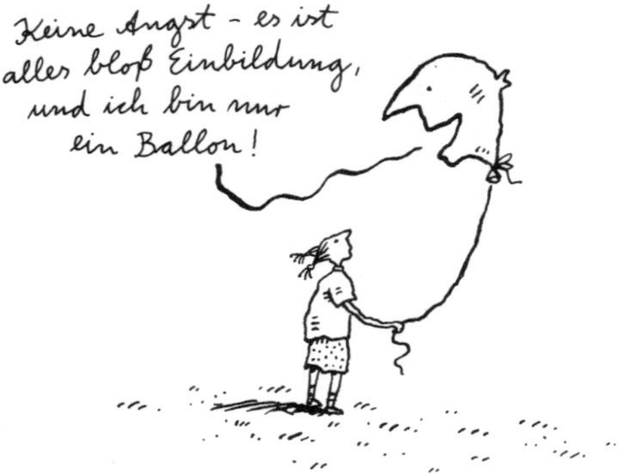